西暦	日本の動き	アジア・アフリカ
1800	町人文化（化政文化）さかえる　列強の開国要求強まる　天保の改革　尊王攘夷・開国・倒幕運動激化　実学・尊王攘夷思想がおこる	802　阮朝成立　阮福暎、ベトナム統一
		805　エジプト＝ムハンマド・ア…
		811　オランダ領東インド、イギ…
		819　シンガポール＝イギリスが領有
		824　マラッカ＝イギリスが領有
		825　ジャワ戦争（―1830）
1830		830　ジャワ＝オランダが輸出作物の強制栽培を実施
		839　ムハンマド・アリー、エジプト独立運動
		清＝林則徐、広州でアヘンを没収
		840　アヘン戦争（―1842）
		842　清＝イギリスと南京条約を結ぶ
		845　インド＝第1次シク戦争（―1846）
		851　清＝太平天国の乱　洪秀全、太平天国を建国
		852　ボーア人、トランスバール共和国建国
		856　清＝アロー戦争（―1860）
		857　インド＝セポイの乱（―1858）
		858　清＝ロシアと愛琿条約、イギリスなどと天津条約を結ぶ
		ムガル帝国滅亡
		860　北京条約調印
		862　清＝洋務運動はじまる
		863　清＝太平天国の乱おさまる
1870		869　レセップス、スエズ運河を完成

目　次

スチーブンソン	文・上村勝彦 絵・永沢　樹	……………… 6
シューベルト	文・上村勝彦 絵・鮎川　万	……………… 20
アンデルセン	文・有吉忠行 絵・永沢　樹	……………… 34
ハイネ	文 加藤貞治　絵 田中　潔	………… 48
バルザック	文 加藤貞治　絵 田中　潔	………… 50
デュマ父子	文 有吉忠行　絵 高山　洋	………… 52
ユゴー	文 加藤貞治　絵 田中　潔	………… 54
レセップス	文 加藤貞治　絵 田中　潔	………… 56
ガリバルディ	文 加藤貞治　絵 田中　潔	………… 58
メルデルスゾーン	文 加藤貞治　絵 田中　潔	………… 60
読書の手びき	文 子ども文化研究所	………… 62

せかい伝記図書館　9

スチーブンソン
シューベルト
アンデルセン

いずみ書房

スチーブンソン

(1781 － 1848)

貧しい炭鉱労働者から身をおこし、蒸気機関車時代の幕を開けた世界の「鉄道の父」。

●貧しくて学校へも行けず

　世界の鉄道の始まりは、木のレールの上に、木の車輪をつけた箱をのせ、これを人や馬が引くというものでした。やがて、木のレールが鉄になり、人や馬が蒸気機関車に代わったのは、19世紀の初めです。鉄道の父とよばれるジョージ・スチーブンソンは、この蒸気機関車による鉄道を、初めて開いたイギリスの技術者です。

　スチーブンソンは、1781年に、イギリス北部の炭鉱地にあるワイラムという村で生まれました。

　父は、炭鉱の、坑内にわきでた水を外にくみだす蒸気機関のかまたきでした。家はたいへん貧しく、住まいは、1軒の家に、よその3家族といっしょでした。

　スチーブンソンが学校へ通うゆとりなど、ありません。家を助けるために、友だちと遊びたいのもあきらめて、

はたらかなければなりませんでした。
　牧場の番をするのが、スチーブンソンの仕事でした。でも、1日じゅう一人でいるのは、たいくつでしかたがありません。いつも、まるで生きもののように動いている、炭鉱の蒸気機関をながめては、粘土で、機械の模型を作ってばかりいました。
　14歳になった年から、父の助手として、炭鉱ではたらくことになりました。石炭の粉で顔も手もまっ黒にして蒸気がまをたく仕事は、危険でたいへんでした。しかし、坑内の水をくみだすのは、たいせつな仕事です。それに、朝から晩まで、蒸気機関のそばにいられるのが、

何よりも楽しみです。スチーブンソンは、毎朝、母に見送られて、元気よく炭鉱へでかけました。

そのころ、イギリスでは、機械文明の発達によって産業革命が始まっていました。革命の最大のきっかけになったのが、技術者ワットの、蒸気機関の発明です。

蒸気機関をとり入れると、物を、早く大量に生産することができるようになり、これが、それまでの産業のしくみを変える大きな力になったのです。

● 18歳になって初めて習ったＡＢＣ

「そのうち、きっと、蒸気機関の技師になってみせるぞ」

スチーブンソンは、技術者になる夢をいだいて、はたらきつづけました。そして、17歳のときに、機関助手へ出世しました。もう、かまをたくだけではありません。蒸気機関を扱うことができます。スチーブンソンは、夢中で仕事にはげみ、蒸気機関が、まるで自分の兄弟のようになっていきました。

ところが、ある日、すっかりしょげかえってしまいました。人がせっかく蒸気機関の本を見せてくれたのに、字を知らないスチーブンソンには、まったく読めません。数字が並んでいても、どんな計算なのかわかりません。

「これではいけない。りっぱな技術者になるためには、

字や数がわかるようにならなければ、だめだ」
　初めて、学問のたいせつさを知ったスチーブンソンは、夜学で学び始めました。年下の子どもたちと机を並べて、ＡＢＣから勉強です。
「なあんだ、こんな字も読めないのか」
　小さなこどもたちが笑います。でも、ほんとうに読めないのだから、しかたがありません。スチーブンソンは、夜中まで、そして仕事のちょっとした合間にも勉強をつづけ、子どもたちは4年も5年もかかるものを、わずか1年で学びとってしまいました。
　また、自分の力だけで蒸気機関の研究もつづけ、20

歳をすぎたころには、機械を自由に分解したり組み立てたりできるようになっていました。
　しかし、生活はいつまでも苦しく、炭鉱ではたらくかたわら時計の修理などをして、収入をふやさなければなりませんでした。
　スチーブンソンが24歳のときには、息子のロバートを産んだばかりの妻を亡くし、そのうえ、父が、炭鉱の事故ですっかり目が見えなくなってしまいました。
「どうしてこんなに、不幸がつづくのだろう」
　スチーブンソンは、悲しいときは野原にでて、だれもいない木かげで、そっと泣きました。でも、はたらけなくなった父を助けなければなりません。幼いロバートも、しっかり育てなければなりません。
「みんなを幸せにするために、早く、りっぱな技術者にならなければ……」
　スチーブンソンは、悲しみや苦しみをのり越えて、機関助手の仕事に力いっぱいとりくみました。

● **蒸気機関助手から技師長へ**

　思いがけないことから、技術者への道が、大きく開かれました。
　炭鉱に、新しい大型の蒸気機関をすえつけたときのこ

とです。どんなにかまをたいても、水を吸いあげるポンプが動きません。このままでは、坑内に水がたまってしまいます。すぐ技師がとんできて調べました。しかし、どうしても、悪いところがわかりません。すると、このとき、ひとりの男が言いました。
「スチーブンソンに、やらせてみたらどうだろう」
「スチーブンソンにだって？　技師ができないのに、あんな男になおせるわけがないじゃないか」
　みんなは笑うばかりでした。でも、言い争いをしているうちに、坑内の水はどんどんたまっていきます。ぐずぐずしているひまはありません。炭鉱長は、とにかく、

スチーブンソンに、やらせてみることにしました。
　蒸気機関の前に立ったスチーブンソンは、落ちついて、つぎつぎに部品を取りはずしていきました。まわりに集まった人たちは、「どうせ、できやしないさ」というような顔つきです。ところが、部品をすっかり組み立てなおして、かまをたき、やがて、いきおいよく蒸気が吹きだすと、蒸気機関は規則正しいひびきをたてて動き始めました。
「動いた、動いた。きみは、もう、りっぱな技術者だ」
　スチーブンソンは、それからまもなく、蒸気機関をかんとくする技師長になりました。

●これからは蒸気機関車の時代だ

「いま、馬に引かせている石炭車を、蒸気機関車で引っぱるようにしたらどうだろう」
　スチーブンソンは、やがて、自分で蒸気機関車をつくる夢をいだき始めました。蒸気機関車は、すでに発明されてはいましたが、まだ性能が悪くて、実際に役だつものにはなっていませんでした。
　31歳のとき、近くの炭鉱で石炭車を引く蒸気機関車を走らせるというので、胸をときめかせて見に行きました。
　機関車は8台の石炭車を引いて走りましたが、1000

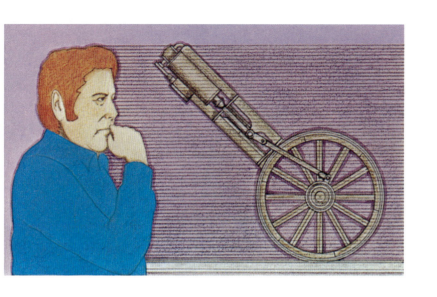

メートルを1時間もかかりました。途中で脱線するたびに、見物にきた人たちは声をあげて笑い、やはり馬車のほうが安全だと、ささやきあいました。スチーブンソンは、笑えませんでした。笑うどころか、蒸気機関車への夢を、さらにふくらませました。これからは蒸気機関車の時代になることを、固く信じていたのです。

　炭鉱長を説きふせて研究にとりかかったスチーブンソンは、1814年に、第1号の機関車ブリュッヘル号を走らせました。しかし、近くの炭鉱で見た機関車と、あまり変わらないくらいのスピードしかでませんでした。

「どうしたら、ピストンの力をもっと強くすることがで

きるのだろうか」

　何台もの機関車をつくってはこわし、改良に改良を重ねました。研究のときも、部品を組み立てるときも、試運転のときも、工業学校を卒業して炭鉱の技師見習いになっていた息子のロバートが、いっしょでした。

　スチーブンソンは、わが子のロバートには、できるかぎり学校へ通わせて、しっかり学ばせました。自分が学校へ行けなかった苦しみを、息子には、味わわせたくなかったからです。それに、ロバートが父親以上の技術者に育ってくれることを心から願い、やがては、エジンバラ大学へ進ませました。

　1822年のことです。炭鉱町のダーリントンから港町のストックトンまで、鉄道が敷かれるという話を耳にしました。計画をたてたのは、ピーズという人です。

　スチーブンソンは、目を輝かせて、ピーズのところへとんで行きました。ところが、ピーズが考えていたのは、鉄道馬車でした。

「鉄道馬車の時代は、もう終わりですよ。これからは蒸気機関車の時代です。ぜひ、わたしがつくった蒸気機関車を走らせてください」

　機関車をつくり始めてから、もう10年の歳月が流れています。自分の機関車に自信があるスチーブンソンは、

ピーズに、そのすばらしさを何度もうったえました。

● 走ったぞロコモーション号

 1825年9月27日。スチーブンソンがピーズと手をにぎりあってから3年め。きょうは、いよいよダーリントンとストックトンの間の、鉄道開通の日です。
 山のような人に囲まれた線路に、6両の石炭車と、1両に、4、5人ずつの人を乗せた20数両の客車をつないだ機関車が、蒸気をはきながら止まっています。象の鼻のような長い煙突をつけた、ロコモーション号です。
「こんなものが、ほんとうに馬よりも早く走るのかな」

ひそひそ、ささやきあっている人たちがいます。
　ロコモーション号に乗りこんでいるのは、スチーブンソンです。やがて、大きな音をたてて走りだすと、見物の人たちは、いっせいに歓声をあげ、手をふり、帽子をふって、ロコモーション号を追いかけました。
　時速5キロ、10キロ、15キロ、19キロメートル。もう、線路にそって走っていた馬も追いつきません。見物人たちの中には「そのうち、きっと爆発するぞっ」と叫ぶ人がたくさんいました。
　ロコモーション号は、ふたつの町をむすぶ21キロメートルを、空にひとすじの黒いけむりをなびかせて、走りぬけました。
「スチーブンソンは、すぐれた技術者だ」「蒸気機関車は、ほんとうにすばらしい」
　スチーブンソンの名は、たちまち広まりました。また、蒸気機関車をたたえる声も高まり、1年もしないうちにスチーブンソンは、こんどはリバプールの町とマンチェスターの町をむすぶ鉄道建設の、技師にまねかれました。鉄道の長さは48キロメートルです。
　ところが、鉄道建設に反対する人びとが現われました。「鉄道が通ると、馬車の会社ではたらいている人たちの仕事がなくなってしまう」「機関車の火の粉がとんできて、

きっと、火事がおこるにちがいない」「牛や羊は、まっ黒いけむりを吸って、病気になってしまうぞ」

　反対する人たちは、こんなことを叫んで、建設工事をじゃましました。そのうえ、苦心に苦心をして、やっと線路を敷き終わったと思うと、こんどは鉄道会社の人たちの中に「スチーブンソンの機関車は、ほんとうにだいじょうぶだろうか」と、うたがう人がでてきました。

　スチーブンソンは、いろいろと考えて、思いきって鉄道会社の人に言いました。

「蒸気機関車をつくっている人は、ほかにもいます。イギリスじゅうの機関車を集めて競技会を開き、いちばん

よいものを使うようにしたらどうでしょうか」

●競技会で優勝したロケット号

　1829年10月、蒸気機関車の競技会が開かれることになりました。集まった機関車は4台です。スチーブンソンは、息子のロバートといっしょにつくったロケット号で、競技に参加しました。

　いよいよ競技会の日、ぴかぴかの4台の機関車は、1台ずつ順番にスタートです。ところが、1台めは、いきおいよく走り始めたと思うと、大きな音をたてて止まってしまいました。2台め、3台めは、怒ったように蒸気を吹きだすばかりで、初めから調子が悪くて動きません。残ったのは、ロケット号だけです。

　スチーブンソン親子が乗りこんだロケット号は、すべるように走りだしました。そして、みるみるうちにスピードをあげると、最高速度は時速40キロメートルを越えました。鉄道馬車にくらべると恐ろしいほどの早さです。
「すごいぞロケット号。スチーブンソンばんざい」

　ロケット号がゴールへ入ってくると、見物人たちは、おどりあがってロケット号へかけより、スチーブンソン親子を高だかと胴あげしました。宙に浮いたスチーブンソンの目には、なみだが光っていました。

　リバプールとマンチェスターの間にロケット号が走りだしたのは、それからまもなくでした。
　スチーブンソンは、そのごのすべての生涯を、蒸気機関車の改良と、おおくの鉄道建設にささげ、1848年に67歳で亡くなりました。父の亡きあと、息子のロバートもすぐれた鉄道技術者になり、とくに、鉄橋の建設にたくさんの功績を残しました。
「蒸気機関車の時代がくる」と信じたスチーブンソンの夢は、19世紀の半ばをすぎて大きく花開き、蒸気の力で走るこの鉄のかたまりは、地球上の陸地を網の目のようにむすびました。

シューベルト

(1797 — 1828)

ロマン派の美しい名曲を残し、友だちの愛につつまれながら短い生涯を閉じた歌曲王。

●泉のようにわきでた美しい曲

　あるレストランでのことです。料理がくるのを待っていたシューベルトは、にわかに、メニューの裏側に5本の線を引いたと思うと、おたまじゃくしを書き始めました。曲がひらめいたのです。やがてレストランをでるときには、のちに名歌曲のひとつに数えられるようになった『きけ、きけ、ヒバリ』ができあがっていました。

　これは、シューベルトには、いつも、美しい旋律が泉のようにわきでたことを伝える話です。

　歌曲の王とたたえられるフランツ・ペーター・シューベルトは、18世紀の終わりに、オーストリアの首都ウィーンで生まれました。父は、小さな小学校の校長でした。

　シューベルトは、小学校へ入るとまもなく、音楽がす

きな父と兄から、声楽、バイオリン、ピアノを習い始めました。このころはとくに音楽家をめざしたわけではありません。ところが、だれもが思わず「天才だ」とたたえるほどの才能を発揮しました。それから１、２年もすると、父や兄から教わるものは、もう何もないほどになりました。
「おとうさん、さっきの音は少しへんでしたよ」
　夕食ごのひととき、家族演奏会で父や兄が、ほんのちょっと音をまちがえることがあります。すると、だれも気がつかないのに、いちばん小さいシューベルトには、すぐわかってしまいます。

まもなく8歳になったシューベルトは、教会の聖歌隊の先生から、音楽を学ぶようになりました。しかし、またたくまに、やっぱり教わることがなくなってしまいました。先生が、新しいことを教えようとすると、シューベルトは、どんなことも、もうすでに知っているのです。
「シューベルト君の理解の早いのには、おどろくばかりです。ぜひ、音楽家にしてあげてください」
　先生は、父のところへ来て、シューベルトを音楽家にすることをすすめました。でも、父は、わが子がどんなにほめられても、首を横にふるばかりでした。
　父には、シューベルトがすぐれた音楽の才能をもっていることは、よくわかってはいましたが、安定した生活をおくらせるために、自分のあとを継がせて教師の道へ進ませることを心に決めていたからです。

● 授業中にも口からメロディー

　11歳になったとき、幸運がおとずれました。
「宮廷教会の合唱団で、歌のじょうずな子どもをさがしている。合唱団に入れば、授業料のいらない国立神学校で学べて、教師になるのにもつごうがよい。試験はむずかしいが受けてみたらどうだい」
　父にすすめられて、国立神学校のテストを受けると、

すばらしい成績で合格しました。教師になることは気がすすみませんでしたが、音楽の勉強がつづけられれば、こんなうれしいことはありません。シューベルトは、合唱団でうたい、生徒たちだけのオーケストラでバイオリンをひき、ひまがあればピアノに向かいました。

ある日、だれもいない教室で、ピアノをひいていました。小さな指が、キーの上をすべるように動きます。頭の中には、美しい花園のような光景が広がっています。

「すばらしい曲だね。だれの作った曲だったかな」

指がとまったとき、とつぜん、上級生のシュパウンに声をかけられました。

シューベルトは、なんと返事をしようかと、ちょっととまどいました。自分が作った曲だったからです。
「これは、ぼくが作った曲です」
　むねを、どきどきさせながら、小さな声で答えました。
「えっ、きみが作ったんだって」
　シュパウンは、目を丸くしておどろきました。
　そののち、シューベルトとシュパウンは、あたたかく心を通じあわせ、生涯の友だちになりました。
　シューベルトは、13歳のころから正式に作曲にもとりくみ、くる日もくる日も、音楽だけに熱中するようになりました。音楽の授業中でもないのに、頭に浮かんできたメロディーを、思わず口ずさんでしまったこともありました。学校の休み時間も友だちとは遊ばないで、いつも曲を作ってばかりいました。
　14歳になった休みの日、家へ帰ると父にひどくしかられてしまいました。音楽以外の成績が下がってしまったからです。そのうえ、つぎの年にはもっと悲しいことがおこりました。父にしかられたシューベルトを、いつもやさしくいたわってくれた母が、急に亡くなったのです。
「どうぞ、あの子を音楽家にしてあげてください」
　これが、母が父に残したことばでした。しかし、父は、シューベルトを教師にする考えだけは、変えようとはし

ませんでした。

● 教師をしながらおおくの名曲

　母の死後しばらくして、声変わりのため合唱団をやめさせられたシューベルトは、やがて国立神学校も退学しました。そして、17歳の年に、父のいいつけに従って小学校の教師になりました。

　しかし、シューベルトの頭から、音楽がはなれませんでした。はなれるどころか、ますます美しい曲があふれるようにわいてきます。

　子どもたちにＡＢＣや数を教えているときでも、新し

い曲がひらめくと、もうだめです。頭の中は曲でいっぱいになり、授業のことも、教室に子どもがいることも忘れてしまいます。子どもたちが、夢を見ているようなシューベルト先生の顔を見て、くすくす笑いだしても、気がつきませんでした。

　シューベルトは、家でも、野でも、時間を惜しんで作曲をつづけました。交響曲を作ったかと思うと、ゲーテの美しい詩に曲をつけて『魔王』や『野ばら』などの歌曲を、つぎつぎに書きあげました。
「ベートーベンのように、人の心をゆさぶる曲を……」
　27歳年上のベートーベンを深く尊敬していたシューベルトは、いつもこう思って自分をはげまし、18歳の年には、1年間に145曲もの歌曲を作りました。

　やがて、まわりの人びとは、シューベルトが教師をしているのを、惜しむようになりました。いちばん心配してくれたのは、シュパウンです。
「君のような才能のある人は、音楽ひとすじにうちこむべきだよ。生活費はいいから、ぼくの下宿へこないか」
　シュパウンに、こういわれると、シューベルトの心は動きました。音楽家の自由な生活を想像すると、もうたまりません。父は、「音楽では生活できないというのがわからんのか」と怒りました。シューベルトは父に別れ

をつげて、家をとびだしました。19歳でした。

●貧しさに追われ五線紙も買えず

シューベルトは、心のやさしいなかまに囲まれて、のびのびした音楽家の生活を始めました。しかし、生活は苦しく、五線紙も満足に買えませんでした。すでにたくさんの曲を作ってはいましたが、曲を発表する機会にめぐまれません。シューベルトの名は、まだ世間には知られていなかったからです。

友人たちは、シューベルトを世にだすために、いろいろと力をつくしてくれました。そして、まもなく、音楽

の都ウィーン最高のオペラ歌手フォーグルに、シューベルトの曲をうたってもらうという、うれしい話をもってきてくれました。
「すばらしい曲だ。すべての人びとに愛される曲だ」
　音楽会は大成功です。フォーグルの歌で、作曲家シューベルトの名はまたたくまに広まり、ハンガリーの有名な伯爵家に音楽教師として、招かれるほどになりました。
　歌曲『子守歌』、ピアノ曲『鱒』、『交響曲第４番』などの名曲も生みだし、20歳から22歳にかけてのシューベルトは、創作意欲にあふれていました。
　しかし、心の中には、人にはいえない苦しみもありました。失恋の悲しみです。
　音楽会で知りあった女性にも、音楽教師をした伯爵家の娘にも恋をしました。でも、自分が貧しいことや、背が少し低いことなどに、いつも気おくれがして「愛しています」と、どうしても言えませんでした。愛した人のことが忘れられないときは、町をさまよい歩きました。また、失恋の苦しみに耐えられないときは、ピアノをたたき、五線紙にペンを走らせて、一心に、作曲にうちこみました。
　シューベルトの名は、しだいに高まりましたが、貧乏は、いつまでもつづきました。せっかく楽譜を出版して

も、シューベルトが世間知らずのため、出版社にだまされてしまうことが、少なくなかったからです。それでも、作曲家として少しも気どらないシューベルトは、いつも友だちから愛され、食べるのに困るようなことはありませんでした。

●ベートーベンの前でふるえた手

　25歳になったころから、心やさしいシューベルトの曲を愛する人びとがふえ、いつのまにか「シューベルト仲間」という会ができました。
　シューベルトは、その会に招かれては、新しい曲を発

表しました。自分の曲を愛してくれる人たちに囲まれていると、このうえなく幸せでした。大きな劇場でうたわれることはなくても、自分の歌が町角で口ずさまれているのを聞くと、うれしくてたまりませんでした。

世界の人びとに愛されている『未完成交響曲』を作曲したのは、このころです。第1楽章と第2楽章だけしか書かれなかったので、「未完成」とよばれるようになりました。この交響曲に耳をかたむけると、シューベルトの心やさしさが、思わずなみだがこみあげてくるほど、あたたかく伝わってきます。

『未完成交響曲』を書いたころ、シューベルトは友だちにすすめられて、尊敬するベートーベンのところへ、自分の曲を見てもらいに行きました。ベートーベンは、耳が聞こえません。だから、話したいことは、えんぴつで紙に書かなければなりません。

ところが、シューベルトは、えんぴつをにぎると手がふるえ、顔がまっかになってしまいました。「この曲は、ここが少しおかしいですね」といわれると、もう、心臓がはれつしそうです。そのあと気がついたときは、髪をふりみだして外へとびだしていました。

シューベルトは、このときほど、自分の気の弱いのを情けなく思ったことはありませんでした。あまりにも純

真すぎたのでしょうが、この純真さこそが、数おおくの名曲を生みだしたシューベルトの、命のようなものだったのかもしれません。26歳のときに作曲した歌曲集『美しい水車小屋の娘』にも、けがれのない美しい心があふれています。

● 友だちに愛されながら不幸な死

シューベルトは、27歳になったとき、初めて、自分ひとりで下宿生活を始めました。しかし、あい変わらず生活は苦しく、そのうえ、ときどき病気にみまわれるようになりました。

お金はなくても、病気になっても、音楽への情熱は衰えず、やがて、イギリスの詩人スコットの詩に曲をつけた『アベ・マリア』を発表しました。シューベルトの名はさらに高まりました。レストランで『きけ、きけ、ヒバリ』を作ったというのは『アベ・マリア』を作曲したつぎの年のことです。

　1827年3月26日、ベートーベンが亡くなり、シューベルトは、母を失ったとき以上に、悲しみにうちひしがれました。そして、葬儀の帰り道、悲しさをまぎらすために友だちと酒場へ寄り、大きな声でさけびました。

「いまは亡き偉大なベートーベンのために、乾杯。そして、つぎに死ぬ偉大な芸術家のために、もうひとつ乾杯」

　ところが、この「つぎに死ぬ偉大な芸術家のために」が、自分のための乾杯になってしまいました。そのご1年の間に、歌曲集『冬の旅』『白鳥の歌』を書き残し、生涯でたった1度の自作演奏会に成功したあと、1828年11月、チフスにかかって、31歳の短い生涯を終えてしまったのです。

　心やさしかった音楽家の死を悲しむ葬儀は、冷たい小雨の降る日に静かにおこなわれ、そのなきがらは友人たちの手で、ベーリンク墓地のベートーベンの墓のかたわらに、ほうむられました。

　貧しさに追われつづけた生涯は、不幸でした。数えきれないほどの曲を作りながら、おおくの曲が、自分が生きている間にはたったの1度も音楽会で演奏されずに終わったことも、不幸でした。恋の花を咲かせることができなかったのも、不幸でした。

　しかし、たいへん、幸せだったことがあります。それは、おおくの人びとの愛につつまれて、生きることができたことです。この友だちの愛があったからこそ、あれほどの美しい名曲を生みだすことができたのかもしれません。

　シューベルトが開いたロマン派の音楽は、そののち、シューマン、ブラームスへとひき継がれていきました。

アンデルセン

(1805 − 1875)

人生のかなしみや苦しみをのりこえて、生きるよろこびを書きつづけた童話の王さま。

●貧しさにまけず心に夢

　デンマークに、フュン島という島があります。
　世界の童話の王さまハンス・クリスチアン・アンデルセンは、1805年、そのフュン島のオーゼンセという町に生まれました。フランスで、ナポレオンが皇帝になった翌年のことです。
　父は、貧しいくつ屋でした。しかし、若いころから学問好きで、ひまさえあれば本ばかり読んでいました。子どものアンデルセンにも『アラビアン・ナイト』などの物語や詩を読んで聞かせました。また、手作りの人形で人形劇をして、アンデルセンを楽しませてくれることもありました。
　母は、きれいずきなはたらきもので、そのうえ心のやさしい人でした。でも、学問がなく、字が読めませんで

した。子どものころから家が貧しくて、学校へ通えなかったからです。
「小さいころは、家が貧しくて、よその家へ物もらいに行かされたの。でも、知らない人に何かくださいというのがいやで、雪の降る日など、橋の下で一日じゅう泣いていたことがあるわ」
　アンデルセンは、母から、こんな悲しい思い出を聞くことがありました。アンデルセンは、いつまでも忘れられませんでした。そしてのちに、この話を思いだしながら、『マッチ売りの少女』を書いたのです。
　6歳になったアンデルセンは、貧しい家の子どもだけ

が通う、小さな学校に入りましたが、すぐやめてしまいました。そのご、2回ほどかわった学校も、ながつづきしませんでした。

　勉強がきらいだったわけではありません。ただ、人とあそぶよりも、ひとりで空想しているほうがすきだっただけです。それに、女の子に「ぼくが大きくなったら、ぼくのお城の乳しぼりにしてあげるよ」などといったりするので、頭がへんだと笑われてしまいます。そこで、ますます学校へ行くのがいやになってしまいました。

　父は、アンデルセンが11歳のときに亡くなりました。
「自分の気のすすまない道をえらんではいけない。自分がなりたいと思うものになることが、たいせつだよ」

　父が、アンデルセンにいい残してくれた言葉です。父は、アンデルセンが、りっぱな芸術家になることを夢にえがいていたのです。

●本と空想がすきな甘えんぼう

　父を失ったあとも、アンデルセン少年は、やはり、本を読んだり、空想にふけったり、人形劇をしてみたり、すきな歌をうたったりして、すごしていました。本は、とくにすきでした。でも、本を買うお金はありません。そこで、本を持っている人なら、だれからでも借りて読

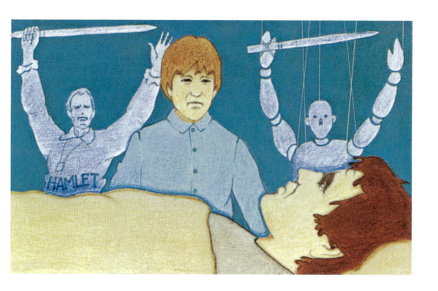

みました。童話の王さまになる才能が、もう、このころから芽生えはじめていました。

アンデルセンは、シェイクスピアの『リア王』や『ハムレット』などに、むちゅうになりました。10歳をすぎたばかりの少年に、こんなむずかしい劇の本の内容は、わからなかったかもしれません。ただ、アンデルセンには、物語にでてくるゆうれいや、魔法つかいなどが、おもしろくてしかたありませんでした。

むかし、父が作ってくれた人形をもちだして『リア王』や『ハムレット』のしばいもやってみました。また、王さまや魔女のでてくる物語を自分で書き、とくいに

なって人に読んで聞かせました。劇のなかの歌を、きれいな声でうたって聞かせることもありました。

このころ、母は、わが子が早く職人にでもなってくれることを、のぞんでいました。そして、アンデルセンを織物工場にはたらきに行かせたこともあります。でも、小学校のときと同じように、ながつづきしませんでした。工場のあらあらしいふんいきが、アンデルセンにはたえられなかったのです。

母は、よその家の洗たくなどをして、生活費をかせがなければなりませんでした。しかし、かわいいアンデルセンのために、どんなつらいことにもたえて、はたらきつづけました。

アンデルセンは、母に甘えてばかりいました。10数年ごに母を失い、泣くだけ泣いて親不孝をわびるようになろうとは、このころのアンデルセンは、予想もしませんでした。

●役者と歌手の夢にやぶれて

13歳になったアンデルセンに、ひとつの幸運がおとずれました。オーゼンセの町の劇場に、コペンハーゲンの王立劇場の一座がやってきたときのことです。

アンデルセンには、劇を見たくても、劇場に入るお金

がありません。そこで、ビラくばりの手つだいをして、裏口から劇場へ入れてもらいました。ちょうど劇団で子どもの役者がたりなかったため、羊飼いの少年の役で舞台にでることになったのです。

「よし、ぼくは役者になろう」

アンデルセンは、すっかり、うちょうてんになってしまいました。そして、コペンハーゲンに行って、王立劇場の劇団に入れてもらおうと決心しました。

アンデルセンには、役者になることのきびしさが、わかってはいませんでした。

アンデルセンは、母の反対をおしきって、とうとうオー

ゼンセの町に別れをつげました。

　ところが、コペンハーゲンは、けっして夢のようなところではありませんでした。

　アンデルセンは、住むところもなく、お金もなく、役者にもなれず、町にながれるうす汚れた川に身を投げてしまおうか、とさえ考えるようになりました。

　王立劇場の有名な女優には、アンデルセンは気がちがっているのではないか、と追いかえされてしまうし、劇場のかんとくにも「おまえが舞台に立ったらこっけいだ」と、笑われてしまったのです。

　どんなにしんけんに、うたったりおどったりしてみせても、ひょろひょろと背が高い、やせたアンデルセンのしぐさは、なにかおかしく見えるだけでした。

　王立音楽学校の校長にたすけられて、歌手の勉強もしました。でも、アンデルセンののどは、わずか半年でつぶれてしまいました。正式にれんしゅうをしたことのなかった声は、まるで、アヒルの鳴き声のようになってしまいました。

　役者も歌手もだめになると、こんどは、王立劇場のバレー部に入れてもらいました。ところが、これも2年でやめさせられてしまいました。早く舞台に立つ夢ばかりを追いすぎて、たいせつな基本の勉強をおこたり、先生

をおこらせてしまったからです。

　はなやかな舞台への夢は、消しとんでしまいました。

　でも、まっくらやみの世界につき落とされたことは、アンデルセンには、かえって、さいわいでした。

● 童話の王様へのスタート

「よし、それなら作家になろう。そして、ぼくの書いた劇を、この王立劇場で上演してみせるぞ」

　17歳のアンデルセンは、物語を書く決心をしました。いろいろな失敗をかさねて、童話の王様へのスタートをきったのです。

作家への道は、思いがけないことでひらけました。

作家になろうと決めると、アンデルセンは、すぐ『妖精の太陽』という悲しい劇を書いて王立劇場へ送りました。しかし、作品は送り返されてきました。でも、アンデルセンが書いたもののなかには、砂金のようにきらりと光るものがあることだけは、みとめられました。そして、まず、しっかりした教養を身につけるために、王立劇場の奨学生として、国のお金で、ラテン語学校へ行かせてもらえることになりました。

ラテン語学校は、亡くなった父も、あこがれていた学校です。アンデルセンは、田舎の母にも、よろこびを伝えました。すると、文字が書けないはずの母から、やさしい手紙が返ってきました。

「たくさんのなみだが、母の目から流れました。でも、うちょうてんにならないで、努力してください。おまえを、いちばん愛しています」

母は、よろこびをおさえきれず、人にたのんで手紙を書いてもらいました。母のよろこびを知ったアンデルセンは、世界一と思うほど、しあわせでした。

●つらかったラテン語学校

ところが、学校は、新しい知識を学ぶことはできても、

けっして楽しくはありませんでした。
　小学校をとちゅうでやめたアンデルセンは、5歳も年下の少年たちにまじって、勉強することになりました。自分にはすぐれた才能があると信じていたアンデルセンには、たいへんつらい生活でした。
　そのうえ、学校の校長に、ひどくいじめられました。校長は、小学校をでてもいないのに国の奨学生になり、しかも、ひときわ目立つ大きなからだで不作法ばかりしているアンデルセンに、なにかにつけては、つらくあたりました。
　アンデルセンは、卒業まであとわずかというところで、

ついに学校をやめてしまいました。校長にいためつけられたアンデルセンは、身も心も疲れはて、まるで病人のようでした。

　それから1年ののち、こんどは自分の力で、国でたったひとつの大学に入りました。ところが、まもなく、アンデルセンは大学の勉強をしなくなってしまいました。いよいよ、ほんとうに作家の道をあゆみ始めたのです。
「りっぱな劇を書くぞ」と決心してから、6年の歳月が流れていました。そしてついにアンデルセンの作品が王立劇場で上演され、大かっさいをあびて、人びとの注目を集めるようになりました。

●なみだを流しながら書いた『人魚姫』

　30歳のとき、アンデルセンは、『即興詩人』という美しい恋の物語を発表して、いちやく有名になりました。
　また、同じ年に、アンデルセンは、さらに思いもかけないものを発表して、人びとをおどろかせました。
　それは『イーダの花』や『おやゆび姫』などをおさめた、2冊の『子どものためのお話集』でした。
　幼いころ、父に物語や詩を読んでもらったアンデルセンは、こんどは、自分が、子どもたちに語りかけてみたかったのです。

　しかし、童話集は、２冊とも、はじめは評判がよくありませんでした。アンデルセンが書いた童話が、おもしろくなかったわけではありません。
「『即興詩人』ほどの小説を書いた作家が、どうして子どもの物語などを書くのだろう」
　人びとは、アンデルセンが童話を書いたことを、ふしぎに思いました。このころは、童話が、文学や芸術として、まだ、みとめられていない時代でした。
　でも、アンデルセンは、童話を書きつづけました。アンデルセンには、子どもの夢をふくらませる童話のすばらしさが、わかっていたのです。

32歳のとき、3冊めの童話集をだしました。すると、こんどは、またたくまに大評判になりました。人びとは、アンデルセンがなみだを流しながら書いたという『人魚姫』に、心をうたれました。また『はだかの王さま』という題名でいまも世界の名作になっている『皇帝の新しい衣しょう』に、童話のほんとうのおもしろさも発見しました。

　さあ、それからというもの、アンデルセンは『みにくいアヒルの子』『赤いくつ』『マッチ売りの少女』『ある母親の物語』『絵のない絵本』などの名作を、つぎつぎに発表していきました。そして、生涯のうちに、およそ170編の童話を書き、世界じゅうの人びとから童話の王さまといわれるようになりました。

●白鳥になったみにくいアヒルの子

　詩人としてもすぐれていたアンデルセンは、木や花や動物たちの気持ちを理解する、豊かな心をもっていました。アンデルセンは、その豊かな心で、自分がびんぼうしたことや、死ぬほど悲しかったことや、何度も失恋したことや、それでも夢を忘れずに生きぬいたことなどを、すばらしい物語にしました。

　アンデルセンが童話の王さまとよばれるのは、たくさ

んの童話を書いたことよりも、生きる苦しさや悲しみを楽しく、しかも心をうつ童話に書き続け、それまでになかった童話の世界をつくりあげたからです。

　アンデルセンは、童話は大人の小説よりも、もっとすぐれた文学でなければならない、と考えていました。だからアンデルセンの童話は、世界100か国以上でほんやくされ、子どもだけではなく、大人にも、ひろく愛されているのです。

　人に笑われていた『みにくいアヒルの子』から、ついに大空をはばたく白鳥になったアンデルセンは、いま、デンマークの首都コペンハーゲンにねむっています。

ハイネ （1797—1856）

　ドイツの詩人ハインリヒ・ハイネは、少年時代から、人間の自由を愛しながら成長しました。ユダヤ人の子として生まれ、生まれたときから人種差別を受ける悲しみを背負っていたからです。また、故郷デュッセルドルフの町がナポレオンの軍隊に占領され、輝かしいフランス革命の「自由・平等・博愛」の思想につつまれて育ったからです。

　ハイネは、父や叔父のいいつけで、初めは、商人の道へ入りました。しかし失敗に終わり、つぎには、法律を学ぶために大学へ進み、やがてはジャーナリストを志すようになりました。

　詩人ハイネの花が開きはじめたのは、このころからです。ふたりのいとことの恋にやぶれて、その悲しみを叙情詩につづり、ハルツ地方やイギリス、イタリアをまわって、その思い出をみずみずしい詩や旅行記に記しました。

　30歳のとき詩集『歌の本』を発表すると、自分の心をすなおにうたいあげた叙情詩人として、広く、人びとに愛されるようになりました。のちに、シューマン、ジルヒャー、シューベルトらによって作曲された『美しい5月』『ローレライ』『海辺にて』などが収められているのも、この詩集です。

　叙情詩をつづるいっぽう、人間の自由を愛する心を育ててきたハイネは、1830年にフランスで7月革命がおこると、つぎの年、ひとつの決意をしてパリへ亡命しました。

　「フランスは自由主義国家へ生まれ変わろうとしている。ドイツも、早く、古い封建政治をうちくずさなければだめだ」

　ハイネは、祖国ドイツを生まれ変わらせるために、ペンの力

で闘うことを決心したのです。祖国を愛していたからです。
　住まいをパリに定めたハイネは、フランスの芸術家、政治家と交わりながらペンをとり、フランス人には、ドイツのほんとうの文化をつたえました。そして、祖国ドイツへは、フランスの芸術や社会のようすを書き送り、ドイツの人びとも自由のために立ちあがらなければいけないことを、説きつづけました。このため1835年には、ドイツ政府から、ハイネの書いた本はすべて、国内での発行を禁止されてしまいました。
　しかし、ハイネは、ペンを捨てませんでした。47歳のときには革命をうたった長編詩『ドイツ冬物語』を著し、そのご脊髄病で病床にふせってからも、物語詩集『ロマンツェーロ』を完成させました。いま、愛と革命の詩人ハイネは、名曲『ローレライ』を口ずさむドイツの人びとの心に、美しく生きています。そして、世界の人びとの心にも……。

バルザック (1799—1850)

「ナポレオンは、ヨーロッパを剣でひとつにしようとした。わたしは、ペンで、同じことをやってみせる」

このように語っていたというバルザックは、いつも、ま夜中から仕事を始めました。パリの人びとが寝しずまったころ、ベッドからぬけだして机に向かいます。ペンが原稿用紙の上をすべりだすと、もう、とまりません。手がつかれ、目がかすんでくると、毎日、何10杯でもコーヒーを飲みながら、10数時間でも1日じゅうでも書きつづけました。

『ゴリオ爺さん』『谷間の百合』『従妹ベット』など91編の小説を、30歳のころからおよそ20年のあいだに書きあげ、それをひとつにして題をつけたのが、有名な『人間喜劇』です。小説の舞台はヨーロッパじゅうにおよび、作品の登場人物は2472人にのぼっています。バルザックは、自分のペンひとつで、フランスを中心にしたヨーロッパ社会をえがきだそうとしたのです。小説のほかに戯曲や評論も書きつづけ、そのすさまじい仕事ぶりは、神わざというよりほかはありません。

これほどまでに仕事にむちゅうになったのは、借金に追われていたからだ、ともいわれています。

オノレ・ド・バルザックは、フランスのツール市に生まれ、役人をしていた父の転任で、15歳のとき、パリへ移り住みました。そして、両親のすすめで、大学では法律を学びました。

しかし、自分の才能は文学に適していることを信じてきたバルザックは、両親を説きふせて町はずれの屋根裏部屋に閉じこもり、小説を書き始めました。ところが、5年の歳月が流れて

も、小説家への道は開けませんでした。

　生活に困りはてたバルザックは、ひと財産つくりあげることを夢見て、印刷業を始めました。でも、大失敗に終わり、２、３年ごに手もとに残ったのは、ばく大な借金だけでした。

　バルザックは、こんどこそと、命がけでペンをとりなおしました。そして、ついに歴史小説『みみずく党』がみとめられ、ま夜中に起きだし、コーヒーをあおって『人間喜劇』にいどむようになったのです。

　借金に追われたからだとしても、バルザックの残した『人間喜劇』は偉大です。人間社会をありのままにえがく写実主義に、小説家のたくましい創造力を加えて、近代文学のきそをきずきあげました。1850年、バルザックはコーヒーで命をちぢめて51歳で世を去りました。「ビアンションをよべ」。死にぎわに叫んだ人の名は、自分が書いた小説のなかの医者でした。

デュマ父子
（父　1802—1870）（子　1824—1895）

　固い友情でむすばれた青年と3人の剣士が活やくする、痛快な歴史物語『三銃士』。無実の罪でとらえられた男が、やがて牢獄をぬけだして、次つぎに復しゅうしていく冒険物語『モンテ・クリスト伯』。この2つの名作を書き残したのは、父親のデュマです。そして、その息子も『椿姫』という、かわいそうな女の悲しい恋の物語を書いて名をあげました。やはり、デュマという名前です。

　ふたりのアレクサンドル・デュマという名前は、まったく同じでした。だから、歴史のうえでは、父親を大デュマ、息子を小デュマとよんで区別しています。

　1802年に、北フランスのビレール・コットレという町で生まれた大デュマは、4歳のときに軍人の父を亡くし、貧しさのため小学校へはほとんど行けませんでした。

　しかし、負けん気の強い大デュマは、少しも、くじけませんでした。母や神父から文字をおそわると、さまざまな本を読みあさり、少年時代を明るくすごしました。

「いつかは、ぼくも、おもしろい劇や物語を書きたい」

　大デュマの胸のなかで、作家になる夢が、しだいにふくらんでいきました。そして、20歳のとき、わずかなお金をポケットに入れるとパリへ出て、はたらきながら勉強を始めました。

　7年のち、心にえがいていた夢が花開きました。歴史を劇にした『アンリ3世とその宮廷』がパリの劇場で上演され、大評判になったのです。大デュマは、いちやく有名な劇作家になり、おおくの戯曲を発表しました。また、40歳をすぎたころから

は小説に力をそそぎ、68歳で生涯を終えるまでに、250編を越えるおもしろい作品を書きつづけました。

　小デュマは、1824年に生まれました。大デュマの、本当の妻の子どもではありませんでした。

『椿姫』を書いたのは、まだ24歳のときでした。早くから、父といっしょに都会ではなやかな生活をしましたが、自分が私生児でしたので、町の片すみでしいたげられている女に心をひかれて、この小説を書きあげたのです。そして、それからのちも、さまざまな社会問題をするどくみつめて、苦しい世の中を生きぬく人びとをえがきつづけ、71歳で亡くなりました。

　小説『椿姫』は、19世紀の半ばすぎから歌劇として上演されるようになり、いまも、世界の名歌劇のひとつに数えられています。大デュマも、小デュマも、物語の組み立てかたが天才的な小説家でした。

ユゴー (1802—1885)

　たったひときれのパンをぬすんだために、19年も牢獄に閉じこめられたジャン・バルジャンは、社会へのはげしいにくしみをいだいて、牢をでてきます。ところが、慈悲ぶかい神父にさとされて心を入れかえ、社会の不幸な人びとへの愛に自分をささげて、清らかに死んでいきます。これは、フランスの小説家ビクトル・ユゴーの名作『レ・ミゼラブル』の物語です。

　ユゴーは、東フランスのブザンソンに生まれ、10歳をすぎるとパリで教育を受けました。ナポレオン軍の将軍だった父は、ユゴーを軍人にすることを願っていました。しかし、ユゴーは何よりも文学を愛する少年でした。とくに、早くから詩にしたしみ、いくつかの詩のコンクールで賞を受けると、20歳のときには詩集を出版して名を高めました。

　ユゴーが、自分の作品をとおして最も強く社会へうったえようとしたのは、人間の自由でした。そのため、詩集につづいて発表した戯曲には、考え方の古い役人から上演禁止を命じられたものもありました。しかし、ユゴーは屈しませんでした。

　戯曲『エルナニ』では、人間が自分の理想に向かって生きることのすばらしさをたたえました。小説『死刑囚最後の日』では、人間の命の尊さを語り、死刑反対をとなえました。また、歴史小説『ノートル・ダム・ド・パリ』では、むすばれない恋をえがきながら、欲望にとらわれた人間の罪をいましめました。

　ユゴーは、30歳のころからおよそ10年のあいだ、人間への愛にもえた詩、戯曲、小説を書きつづけました。ところが、40歳をすぎてからの10年は、娘に死なれた悲しさと、上院

議員にえらばれて政治にかかわるようになった忙しさから、ほとんど筆をとりませんでした。

　1851年には、イギリス海峡の小さな島へ渡りました。民衆を愛するあまりに革命運動をおこそうとして、独裁政治をめざすナポレオン3世に追われ亡命したのです。
「ナポレオン3世には、かならず天罰がくだる」
　ユゴーは、1869年までの18年ものあいだ孤島に身をおき、ナポレオンをのろいながら、詩と小説に怒りをぶっつけました。人間のゆがめられた運命へのいきどおりをこめた『レ・ミゼラブル』が生まれたのは、このときです。

　ナポレオン3世がたおれ、1870年にパリへもどったユゴーは、人間の自由を叫びつづけた英雄として、人びとから尊敬されました。そして、さらにおおくの小説や詩を残して83歳の生涯を終えると、国葬によって、その偉業がたたえられました。

レセップス (1805—1894)

　フェルディナン・レセップスは、ヨーロッパとアジアを海路でむすぶスエズ運河を開いた、フランスの建設者です。
　地中海と紅海を運河でつないでしまう考えは、紀元前のむかしからありました。しかし、エジプトのやけつく砂漠を掘りおこすのは、よういではありません。世界征服を夢見たナポレオンでさえ、計画はたてたものの、実行をあきらめたほどです。船によるヨーロッパとアジアとの交流は、アフリカ大陸の西を6000キロメートルも遠まわりして、おこなわれてきました。
　ベルサイユに生まれ、父のあとをついで外交官になったレセップスは、1832年、地中海にのぞむアレクサンドリアへやってきました。そして、ある日のことです。
　レセップスは、思いがけなく、運河建設の計画書を手にとりました。ナポレオン時代に、フランスの技師が書いたものです。古びた紙に、大きな夢がえがかれています。読んでいるうちに、レセップスの目が輝いてきました。
「すばらしい計画だ。わたしの手で、きっと実現させてみせる」
　レセップスが、運河づくりの夢にとりつかれたのは、このときです。でも、大工事を進める知識や技術は、何ひとつもっていません。レセップスは、外交官の仕事のあいまにスエズへ行って土地を調べ、学者にあって運河を掘る技術を学びました。
　やがて、外交官の仕事をすてました。1854年には、エジプトのサイード副王から運河を掘る許可をもらい、万国スエズ運河会社をつくって、ヨーロッパの国ぐにから資金をつのりました。
　1859年4月25日、レセップスは、スエズの大地に、最初のつ

るはしを打ちおろしました。いよいよ、偉大な夢との闘いです。
　ところが、自分の国で運河をつくって、その権利を独占しようと考えていたイギリスなどから、いろいろな妨害がとびこみました。しかし、胸に「世界の人びとのために」という大きな灯をともしたレセップスは、労働者といっしょに生活しながら、どんな苦難にも耐えぬきました。
　1869年11月17日、スエズの空に、大歓声がわきあがりました。10年の歳月が流れ、地中海と紅海の水が、ついにひとつになって、世界最大の運河が開通したのです。このときレセップスは、もう64歳になっていました。
　レセップスは、そのご、南北アメリカ大陸の境にある、パナマ運河の工事にも手をつけました。しかし、設立した会社がたおれたうえに工事資金をめぐる事件にまきこまれ、第2の夢にやぶれたまま、89歳の生涯を終えてしまいました。

ガリバルディ (1807—1882)

　19世紀中ごろまでのイタリアは、国がいくつにも分かれ、そのうえおおくの領土が、フランスやオーストリアなどに支配されていました。ジュゼッペ・ガリバルディは、このような時代にニースに生まれ、イタリア統一のために戦った英雄です。

　船乗りだったガリバルディが、初めて戦いの火をかかげたのは、27歳のときでした。統一運動の指導者マッチーニが結成したイタリア青年党に加わり、イタリア北部を支配するオーストリアへ、革命の反旗をひるがえしたのです。しかし、革命は失敗に終わり、死刑を宣告されてしまいました。

　ガリバルディは、南アメリカへのがれました。そして、14年のあいだ、南アメリカ各地の独立戦争や革命に義勇兵としてとびこみ、民族の自由のために戦いつづけました。

　1848年、イタリア北西部のサルデニャ王国が、オーストリアからの解放をめざして立ちあがったのを知ると、ガリバルディはまっしぐらに祖国へもどり、義勇兵をひきいて戦いました。しかし、またも敗れ、ふたたびアメリカへ渡りました。でも、革命への情熱を失ったわけではありません。1854年には地中海のカプレラ島までもどり、つぎの戦いの日をまちました。

　1859年、すでに52歳になっていたガリバルディは、イタリア北部へかけつけました。サルデニャ王国が、イタリア統一をめざして、またも奮い立ったのです。

　「こんどこそ、祖国をひとつにするのだ」

　ガリバルディは、王国軍の指揮官となって、オーストリア軍を打ち破りました。また、南へ下ると、赤シャツ隊とよばれた

　1000人の義勇兵をひきいて戦い、たちまちのうちに征服したシチリア島とナポリ王国を、サルデニャの王にささげました。
　1861年、イタリア王国が生まれ、ガリバルディは、夢を果たしたよろこびを胸にしまって、カプレラ島へひきあげました。自分のてがらに対する栄誉は、何も求めませんでした。
　ガリバルディは、そのご、こんどはローマへ兵を進めました。イタリア王国が生まれてからも、ローマは、まだフランス軍に支配されていたからです。ところが、思いがけないことに、フランスとの戦いをおそれる味方のイタリア軍に捕えられて、カプレラ島へひきもどされてしまいました。
　60歳をすぎたガリバルディは、テベレ川の治水工事などにも力をつくし、67歳のときにはイタリア議会にもまねかれました。
　75歳で幕を閉じたガリバルディの生涯は、まさに英雄の名にふさわしく、はげしく、美しく、勇ましいものでした。

メンデルスゾーン（1809—1847）

　フェリックス・メンデルスゾーンは、19世紀前半の、ドイツの作曲家です。大銀行家を父に、ハンブルクに生まれ、幼いときから、教養豊かな母にピアノをおそわりながら育ちました。
　1811年、一家は、ドイツ文化の中心地ベルリンへ移りました。
　メンデルスゾーンは、まもなく、すぐれた音楽教師から、正式にピアノと作曲を習いはじめました。父の招きで家の大広間に集まった芸術家たちには、たいへん、かわいがられました。また、大広間では、いつも音楽会が開かれ、めぐまれた環境につつまれて自分の才能をのばすことができたメンデルスゾーンは、このうえなく幸せでした。
　9歳のときには早くもピアノ演奏会を開いて、人びとのかっさいをあびました。また、その3年ごにはゲーテをたずね、バッハやモーツァルトの曲を演奏して、このとき72歳だったドイツ最大の文豪をすっかり感心させました。
　15歳のころから、交響曲、協奏曲、歌劇の作曲を始めました。そして、17歳のとき、シェークスピアが書いた喜劇に感激して『真夏の夜の夢』の序曲を発表すると、作曲家メンデルスゾーンは、たちまち、世界の大作曲家たちと肩を並べるほどになりました。
　音楽を広く愛したメンデルスゾーンは、作曲だけではなく、音楽会では指揮棒をふって、かずかずの名曲を人びとに贈りました。
　なかでも、1829年に、バッハの死ご80年ものあいだ1度も演奏されたことがなかった『マタイ受難曲』を指揮して、バッ

ハの偉大さをふたたび世に知らせたことは、大きな功績でした。
　ピアノ演奏家、作曲家、指揮者として名を高めたメンデルスゾーンは、24歳の年から、ドイツ音楽界の指導者として活やくするようになりました。デュッセルドルフ市の音楽監督、世界で最も古いゲバントハウス管弦楽団の指揮者、ベルリン芸術大学の教授などに、つぎつぎにむかえられたのです。また、ライプチヒ音楽学校をつくり、数年のうちに、ヨーロッパ最高といわれるほどの音楽学校に育てあげました。
　1844年に名曲『バイオリン協奏曲』を発表して、つぎの年にはいっさいの職をしりぞき、作曲ひとすじの生活に入りました。しかし、おそすぎました。休みなく仕事をつづけてきたメンデルスゾーンのからだは、すっかり弱り、1847年に心からしたっていた姉が亡くなると、同じ年に、姉のあとを追うようにして38歳の短い生涯を終えてしまいました。

「読書の手びき」

スチーブンソン

日本で初めて、東京の新橋と横浜のあいだ 29 キロメートルに蒸気機関による鉄道が開通したのは、明治時代に入ってから 5 年めの 1872 年のことです。イギリスの技術者スチーブンソンは、それよりも 47 年まえに、世界最初の旅客用鉄道を建設して、自分が製作した機関車ロコモーション号を走らせました。貧しい炭鉱労働者の家に生まれ、少年時代から働きながら独学で機械技術を身につけて、蒸気機関車の実用化に成功したのです。大学などで学んだのではなく、自分の頭で考え、自分で努力をして自己の夢に花を咲かせたことに、社会への貢献とは別に明るく光るものがあります。鉄道の開発による輸送の増大とスピード化は、人類の発展に、どれほど大きな影響を及ぼしたか計りしれません。スチーブンソンは、鉄道によって世を開きました。この「世を開く」という生き方は、与えられたものの中だけで生きる多くの現代人にとって、かけがえのない教訓になっています。

シューベルト

シューベルトは、夜、寝るときにも眼鏡をかけていたということです。それは、ベッドの中でも、美しい曲が泉のようにあふれ、それを書きとめておくためだったと伝えられています。18 歳のとき、1 年間に、145 曲の歌曲のほか、ミサ曲、交響曲なども作曲したというのですから、シューベルトの心の泉が、いかに豊かだったかがわかります。しかし、家庭教師として伯爵家へ行ったことをのぞけば、貴族社会とはほとんど交わらなかったため、生涯、貧しさに追われつづけました。無数の名曲を生みだしておきながら、死の 2 年まえに、収入を得るためにオーストリア皇帝の宮廷礼拝堂副楽長を自分から望んだほどです。ところがこの副楽長の仕事も実をむすんではいません。家もなく、妻もなく、お金もなく、シューベ